Quart Verlag Luzern   Anthologie 21

Kunz und Mösch

Kunz und Mösch
21. Band der Reihe Anthologie

Herausgeber: Heinz Wirz, Luzern
Konzept: Kunz und Mösch, Basel; Heinz Wirz
Fotos: Tom Bisig, Basel. Ausser: Martin Friedli, Basel S. 12,13; Kunz und Mösch
S. 4, 7, 9; Pascal Kunz, Basel S. 6, 10, 11; Nicole Pont, Basel S. 18, 20, 21;
Roman Weyeneth, Basel S. 50
Visualisierungen: Kunz und Mösch
Grafische Umsetzung: Quart Verlag, Luzern
Lithos: Printeria, Luzern
Druck und Bindung: Freiburger Graphische Betriebe, Freiburg D

Quart Verlag GmbH
Denkmalstrasse 2, CH-6006 Luzern
www.quart.ch

Anthologie 21 – Notat
Heinz Wirz

Der Philosoph Peter Sloterdijk sprach neulich in einem Interview vom
Zorn als einer moralischen und politischen Instanz. Ich vermute, dass bis-
weilen auch Architekten – wie ich es Philipp Kunz und Renato Mösch
zuschreibe – von diesem Affekt im positiven Sinn profitieren und davon
angetrieben werden. Es ist der Zorn über die grassierende Mittelmässigkeit
vieler Bauten, aber auch der Unmut über oberflächliche, unbegründete
individualistische Formenerfindungen und Formenvielfalt.
Vergleichsweise jung gründeten die beiden Basler Architekten 2001 ihr
eigenes Architekturbüro, kurz nachdem sie ihr Architekturdiplom bei
Miroslav Šik an der ETH Zürich erworben hatten. Ein Zweifamilienhaus
in Basel und ein Wochenendhaus im französischen Elsass sind ihre Erst-
lingswerke. Das Doppelhaus liegt in einer kleinbürgerlichen 50er-Jahre-
Siedlung und demonstriert, was die Analoge Architektur zu leisten vermag.
Das Gebäude fügt sich wie selbstverständlich in die Siedlung ein und festigt
die Struktur und den Charakter einer Gartenstadt. Die übergrossen, klas-
sisch angeordneten Fenster, die graduell erhöhten Geschosse und das kon-
tinuierliche, ruhige Bild der Fassaden, welches durch das «Verschmelzen»
der beiden Häuser entsteht – dies alles erhöht und nobilitiert das Wohnen
vor Ort und das Gebäude selbst. Beim Wochenendhaus reduzieren die
Architekten den Typus des Wohnhauses auf einen einzigen Raum, sodass
übergrosse Fenster- und Türöffnungen möglich werden, die das Gebäude
überraschend grosszügig erscheinen lassen. Diese kleinen, unspektakulären,
gehaltvollen Erfindungen finden wir auch in den späteren, auf hohem
Niveau entworfenen Bauten. So beispielsweise beim Kongressgebäude
in Interlaken (2010), bei dem in die auf die nahe Umgebung abgestimmte
plastische Form der Aussenhülle Nutzebenen und autonome Raumkörper
eingeschrieben sind und so im Innern eine seltene Grosszügigkeit schaffen.
Oder beim laufenden Projekt zum Strafjustizzentrum Muttenz, wo die
Geschossigkeit zu Gunsten einer im Inneren wie im Äusseren würde-
vollen Erscheinung überspielt wird.
Luzern, im März 2012

Wochenendhaus, Bendorf F
2004

Das Grundstück befindet sich in leichter Hanglage im elsässischen Bendorf nahe Ferrette. Der Ort zeichnet sich aus durch ein hügeliges Gelände mit dichtem Obstbaumbestand. Die Bauherrschaft wünschte sich ein einfaches Haus, das den Bedürfnissen eines kurzen Landaufenthalts gerecht wird. Das Gebäude wurde in der Typologie eines einfachen Ein-Raum-Hauses mit Satteldach entwickelt. Die Anordnung der Fenster und Faschen verfremdet das gewohnte Bild des ruralen Wohnhauses im Massstab. Im Innenraum wird mit Hilfe von Monochromie und reduzierter Materialisierung ein hoher Abstraktionsgrad erreicht. Bei entsprechendem Licht beginnen sich Raumkanten und Ecken optisch aufzulösen. Der Blick nach aussen ist inszeniert: Die Fenster rahmen die angrenzende Natur, geben den Blick frei auf lebendige, sich ständig ändernde Bilder.

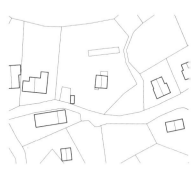

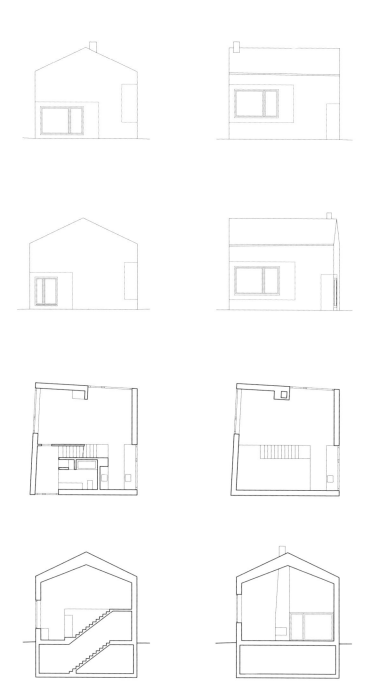

5 m

Doppelhaus, Allschwil
2003

Der Grundtyp des Doppel-Einfamilienhauses wird hinterfragend thematisiert. Anstelle zweier identischer, axial gespiegelter Häuser wurde eine Lösung gesucht, bei der sich die Spuren der einzelnen Einheiten verwischen. Beide Häuser wurden so aneinandergeschmiegt, dass sie zu einem grosszügigen Ganzen verschmelzen. Um einen möglichst hohen Wohnkomfort und Privatheit innerhalb der Einheiten zu erreichen, wurden die Grundrisse komplett unterschiedlich aufgebaut. Dies zeigt sich insbesondere in der Lage der Wohnzimmer – einmal im Erdgeschoss mit Orientierung zum Garten, einmal im zweiten Obergeschoss mit angrenzender Terrasse.

In seiner Architektursprache zitiert das Gebäude mit Themen wie Auslucht, Faschen, Holzfenster, Rollläden und Kupferdach unprätentiöse Vorbilder.

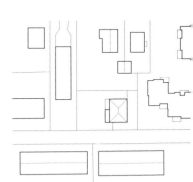

5 m

Pavillon St. Johanns-Park, Basel
Wettbewerb 2007

Der St. Johanns-Park liegt direkt am Rhein im nördlichsten Teil von Gross-
basel. Der St. Johanns-Park-Pavillon wird als freistehender Körper im be-
stehenden Wegsystem platziert. Allseitig von Wegen umspült öffnet sich
das Café zu einer platzartigen Ausweitung. Das Raumprogramm wird auf
drei Geschosse verteilt. Alle Räume werden von aussen durch die Frei-
treppe und von innen mit einer Liftanlage erschlossen. Direkt neben dem
Eingang ins Foyer beginnt die aussenliegende Treppe. Sie ergänzt das bestehende Wegsystem ähnlich einem Zikkurat und erschliesst die grosszügige Dachterrasse auf dem Pavillon. Von hier aus wird ein Panoramablick
in den Park und die Aussicht in den offenen Flussraum freigegeben.

Landschaftsarchitektur:
BBZ Landschaftsarchitekten,
Zürich

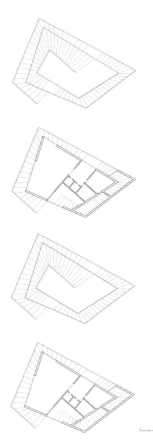

10 m

Fünf Wohnhäuser, Riehen
2009

In der Nähe des Rheins, entlang eines grossen Familiengartenareals, reihen sich fünf Wohnhäuser. Sie schotten sich bewusst von der Strasse ab und profitieren von der Weitsicht ins Grüne. Das Erdgeschoss orientiert sich jeweils ausschliesslich auf die Gartenseite. Das erste Obergeschoss gibt zusätzlich Blicke nach Osten frei; im Attikageschoss öffnet sich der Blick nach Osten, Westen und Süden auf die Dachterrasse. Die Häuser sind in lasiertem Sichtbeton ausgeführt. Die dunkle Farbe vereint die fünf Häuser zu einem Ensemble.

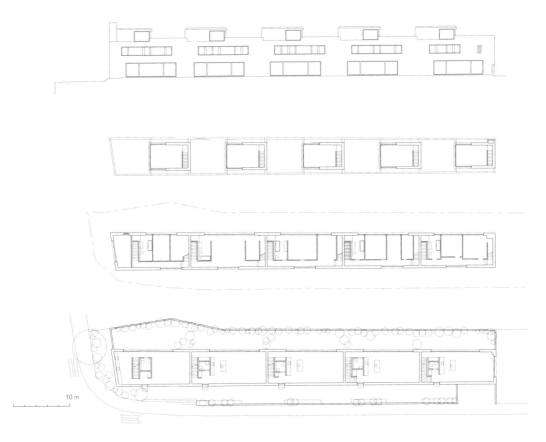

10 m

Villa, Richterswil
2010

Der Baukörper gräbt sich mit der Kraft einer Staumauer rückwärtig tief in den steilen Moränenhang. Eine Raumklammer eröffnet einen spektakulären Blick über den Zürichsee. Das rechteckige Sockelgeschoss, bestehend aus Gästezimmer, Keller und Garage, bildet eine Plattform für das darüber liegende Hauptgeschoss. In diesem befinden sich Wohnzimmer, Schlafzimmer und Bäder. Auf dem Dach des Sockelgeschosses erstreckt sich eine grosszügige Terrasse zum See hin. Die präzise geschnittene Silhouette des Gebäudes fügt sich passgenau in die Parzelle. Alle Aussenwände sind in einem warmen, sandig-ockerfarbenen Sichtbeton ausgeführt. Das Wohnzimmer ist durch eine Taillierung im Grundriss von den Schlafzimmern abgetrennt. Durch das Aufbrechen der inneren Fassadenabwicklung ergeben sich spannende Sichtbezüge von Raum zu Raum und darüber hinaus über den Zürichsee.

Bauleitung:
Christian Bühlmann
Architekt, Zürich

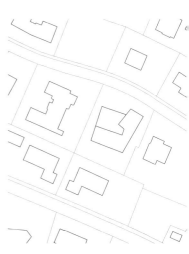

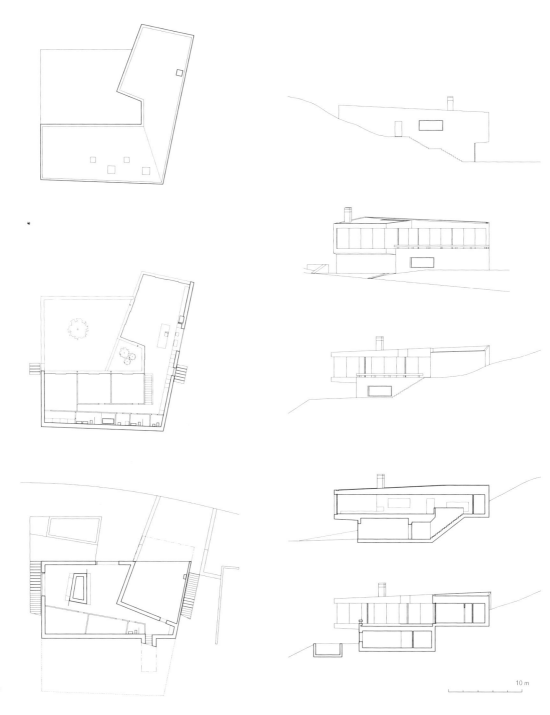

10 m

Kongresszentrum, Interlaken
2010

Ein spiegelndes Volumen steht im Park neben dem denkmalgeschützten Kursaal. Die vertikal strukturierte Chromstahlhaut spiegelt die Umgebung facettiert, verzerrt wider. Der trichterförmige Eingang leitet in den Empfangsbereich im Erdgeschoss. Über eine offene Treppe erreicht man das Foyer im Obergeschoss mit Blick zur Jungfrau. Von dort führen zwei massive Eichentüren in den zur Aare hin abgetreppten, multifunktionalen Saal. Die beiden Räume, Foyer und Saal, werden dominiert von einem gefalteten Dach.

In Zusammenarbeit mit:
Dorenbach Architekten, Basel

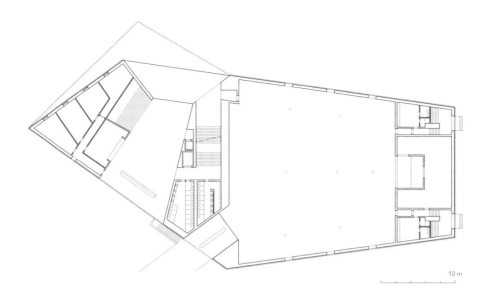

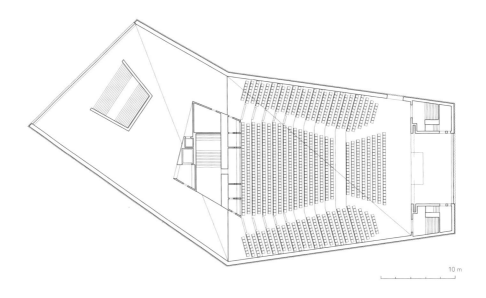

10 m

Einfamilienhaus, Binningen
2011

Das Grundstück befindet sich auf dem Hochplateau des Binninger Hügels, in ruhiger, bevorzugter Wohnlage. Die Parzelle liegt an einer Quartierstrasse, die sich in einer 90-Grad-Kurve an die Parzelle anschmiegt. Das Haus fungiert als Scharnier an einer städtebaulichen Ecksituation. Raumkanten und Über-Eck-Lösungen prägen Grundriss und Fassadenbild. Die Konstellation der im Erdgeschoss befindlichen Räume – Wohn- und Esszimmer – folgt diesem Prinzip. Im Streben nach einer maximalen diagonalen Ausdehnung resultierte aus kleinteiligen Einzelräumen ein grosses Ganzes. Die Pergola mit Aussencheminée verlängert das Esszimmer und erweitert den Wohnraum optisch. Sockel, Eingangstreppe, Pergola und Carport sind in Beton ausgeführt und bilden einen Kontrast zum geometrisch bemalten Gebäudekörper.

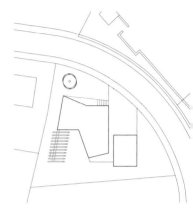

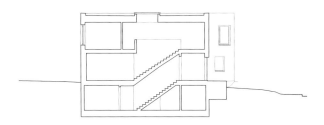

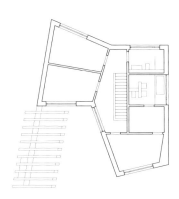

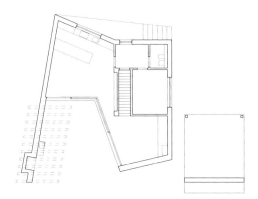

10 m

Strafjustizzentrum, Muttenz
2014

Das Strafjustizzentrum in Muttenz vereint Gerichte, Strafverfolgungsbe-
hörden und Gefängnis unter einem Dach. Die lang gezogene Parzelle grenzt
auf der Nordseite an die Gleisanlagen der SBB. Auf der Südseite wird sie
begrenzt von einer heterogenen Bebauungsstruktur mit Industrie/Gewerbe
und Wohnnutzung.

Der fünfgeschossige Neubau thematisiert diese Zweiseitigkeit. Entlang der
Gleise reagiert das Volumen linear, auf der Südseite verzahnt es sich raum-
greifend mit der Umgebung. Die Knicke auf der Südseite markieren adress-
bildend die Eingänge. Die umlaufende Fassade interpretiert den industriellen
Charakter des Ortes mit einem eleganten Kleid aus Stützen und Bändern.
Die Zusammenfassung je zweier Geschosse verfremdet den Massstab des
Gebäudes und unterstreicht den öffentlichen Charakter des Erdgeschosses
mit den Gerichtssälen. Die städtebauliche Figur wird im Innenraum abge-
tragen. Im Bereich der Knicke weitet sich der Grundriss auf und gibt den
Raum für zwei geschossübergreifende Lichthöfe frei.

Landschaftsarchitektur:
Westpol Landschaftsarchi-
tekten, Basel

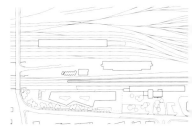

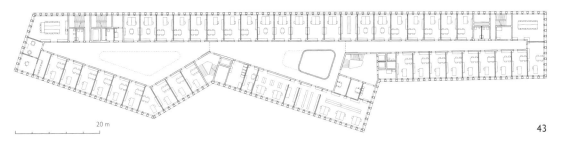

20 m

Alters- und Pflegeheim *zum Park*, Muttenz
2015

Ein dreiflügliger Baukörper ergänzt das bestehende Alters- und Pflegeheim zum Park hin. Der siebengeschossige Neubau besetzt die nordwestliche Ecke des Holderstüdeliparks. Der Nordflügel bindet das neue Gebäude an den Strassenraum an. Der sich aufspreizende Ostflügel greift in den Park und nimmt die Eingangssituation auf. Der Westflügel vermittelt zwischen Alt- und Neubau. Durch die dreiflüglige Volumetrie verzahnt sich das Gebäude räumlich mit seiner Umgebung am Park. Entlang dem geschosshoch verglasten Erdgeschoss wird der Besucher zum Holderstüdelipark geführt. Das Gebäude fusst auf einem massiven Hauptkern aus Sichtbeton, der im Erdgeschoss durch einen hölzernen Nebenkern ergänzt wird. Speisesaal, Mehrzwecksaal, Café und Empfangsraum sind ebenerdig angeordnet. Darüber liegt das Verwaltungsgeschoss mit Büros, Garderoben und Sitzungszimmern. Im zweiten bis sechsten Obergeschoss befinden sich je 20 Bewohnerzimmer.

Landschaftsarchitektur: Westpol Landschaftsarchitekten, Basel

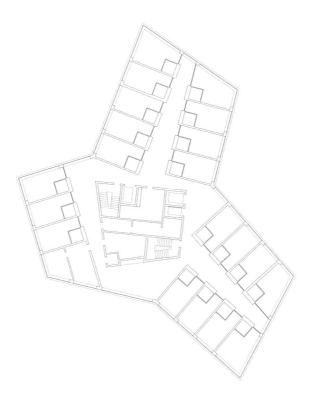

10 m

Werkverzeichnis

Auswahl Bauten, Projekte und Wettbewerbe

2001		Projektwettbewerb Kantonsschule Willisau; 4. Rang
2002	1	Projektwettbewerb Kuppel, Basel
2003		Doppelhaus, Allschwil
2004		Wochenendhaus, Bendorf
		Umbau Drosselstrasse, Basel
		Anbau Langegasse, Oberwil
2005		Umbau Austrasse, Basel
		Studienauftrag Fussballschule FCB Kraftwerkinsel, Basel
2007		Umbau Wohnhaus Im Sesselacker, Basel
		Umbau Bürohaus Kanonengasse, Basel
		Projektwettbewerb Gemeindezentrum, Kriens
		Testplanung Stadtränder Basel Nordwest
		Projektwettbewerb Pavillon St. Johanns-Park und Park-Anlage, Basel; 2. Rang
2008		Novartis Logistic Terminal, Basel
		Projektwettbewerb Centre de Feu, Monthey
		Projektwettbewerb Justizzentrum, Bochum

1

2

2009	Fünf Wohnhäuser, Riehen
	Projektwettbewerb Kulturhaus, Sundsvall/Schweden
	Umbau Fuchslagweg, Bottmingen
	Projektwettbewerb Kirche, Hatlehol/Norwegen
	Projektwettbewerb Bernoulli-Walkeweg, Basel
2	Projektwettbewerb Wohnen am Schaffhauserrheinweg, Basel
2010	Villa, Richterswil
	Kongresszentrum, Interlaken; Projektwettbewerb 2005,
	1. Rang (mit Dorenbach Architekten, Basel)
	Projektwettbewerb Verwaltungsgebäude, Biel
3	Studienauftrag Nachwuchs Campus FC Basel, Basel
2011	Wohnhaus, Binningen
4	Projektwettbewerb Schweizerische Kanzlei, Nairobi, 3. Rang

Laufende Projekte
Strafjustizzentrum Muttenz; Projektwettbewerb 2006, 1. Rang
Alters- und Pflegeheim *zum Park*, Muttenz; Projektwett-
bewerb 2010, 1. Rang
Tramwartehalle Dreispitz, Basel
Doppelkindergarten, Bottmingen

3

4

Philipp Kunz

1972	geboren in Basel
1993–2000	Architekturstudium an der ETH Zürich, Diplom bei Prof. Miroslav Šik
1996	Mitarbeit im Architekturbüro Christian Kerez, Zürich
2000	Mitarbeit im Architekturbüro Neff Neumann, Zürich
2001	Gründung Kunz und Mösch Architekten mit Renato Mösch, Basel

Renato Mösch

1974	geboren in Basel
1994–2000	Architekturstudium an der ETH Zürich, Diplom bei Prof. Miroslav Šik
1996–1999	Mitarbeit im Architekturbüro Andreas Scheiwiller, Basel
2001–2007	Diplomassistent bei Prof. Miroslav Šik, ETH Zürich
2001	Gründung Kunz und Mösch Architekten mit Philipp Kunz, Basel

Mitarbeitende (2001–2011)	Christoph Widmer, Priska Signorell, Piero Knecht, Sandra Kolloge, Carmen Wehmeyer, Boris Haberthür, Hamire Gude, Johannes Olfs, Mathias Forster, Melchior Füzesi, Theo Wiggermann, Mario Locci, Sabine Schickner, Anita Schoop, Kresimir Franciskovic, Pascale Jermann, Lillit Bollinger

Auszeichnungen

2011	Best Architects Award 2011 (Kongresszentrum, Interlaken; Villa, Richterswil; Fünf Wohnhäuser, Riehen)

Finanzielle und ideelle Unterstützung

Ein besonderer Dank gilt den Institutionen und Sponsorfirmen, deren finanzielle Unterstützungen wesentlich zum Entstehen dieser Publikation beitragen. Ihr kulturelles Engagement ermöglicht ein fruchtbares Zusammenwirken von Baukultur, öffentlicher Hand, privater Förderung und Bauwirtschaft.

ERNST GÖHNER STIFTUNG

Einwohnergemeinde Interlaken, Interlaken

Ediltecnica
Fassadenbau AG, Schönbühl/Bern

Glas Trösch AG, Bützberg

MAB Amsler AG, Bellach

Sedorama AG, Ostermundigen

Stamm Bau AG, Binningen

Walther Mory Maier Bauingenieure AG,
Münchenstein

Zumtobel Licht AG, Zürich

Quart Verlag Luzern

Anthologie – Werkberichte junger Architekten

Quart Verlag GmbH, Heinz Wirz CH-6006 Luzern
E-Mail books@quart.ch, www.quart.ch